A Crabtree Roots Book
Collection Crabtree « Les racines »

TEACHER
LES ENSEIGNANTS

People I Meet
Les gens que je rencontre

DOUGLAS BENDER

Crabtree Publishing
crabtreebooks.com

School-to-Home Support for Caregivers and Teachers

This book helps children grow by letting them practice reading. Here are a few guiding questions to help the reader with building his or her comprehension skills. Possible answers appear here in red.

Before Reading:

- What do I think this book is about?
    - *This book is about teachers.*
    - *This book is about what a teacher does at work.*

- What do I want to learn about this topic?
    - *I want to learn where a teacher works.*
    - *I want to learn what a teacher does.*

During Reading:

- I wonder why...
    - *I wonder why some people become teachers.*
    - *I wonder why teachers use chalkboards.*

- What have I learned so far?
    - *I have learned that some teachers work in classrooms.*
    - *I have learned that teachers help people learn.*

After Reading:

- What details did I learn about this topic?
    - *I have learned that teachers can teach many different subjects.*
    - *I have learned that not all teachers teach in classrooms.*

- Read the book again and look for the vocabulary words.
    - *I see the word **classroom** on page 6, and the word **board** on page 8. The other vocabulary words are found on page 14.*

Soutien de l'école à la maiso pour les gardien(ne)s et les enseignant(e)s.

Ce livre aide les enfants à se développer grâce à la pratique de la lecture. Voici quelques exemples de questions pour aide le lecteur ou la lectrice à développer ses capacités de compréhension. Les suggestior de réponses sont indiquées en rouge.

Avant la lecture

- De quoi ce livre parle-t-il?
    - *Ce livre parle des enseignants.*
    - *Ce livre parle de ce que fait un enseignant au travail.*

- Qu'est-ce que je veux apprendre sur ce sujet?
    - *Je veux savoir où travaille un enseignan*
    - *Je veux savoir ce que fait un enseignant*

Pendant la lecture

- Je me demande pourquoi...
    - *Je me demande pourquoi certaines personnes deviennent des enseignants.*
    - *Je me demande pourquoi les enseignants utilisent des tableaux.*

- Qu'est-ce que j'ai appris jusqu'à présent?
    - *J'ai appris que certains enseignants travaillent dans les classes.*
    - *J'ai appris que les enseignants aident les gens à apprendre.*

Après la lecture

- Nomme quelques détails que tu as retenu
    - *J'ai appris que les enseignants peuvent enseigner de nombreux sujets.*
    - *J'ai appris que les enseignants n'enseignent pas tous dans les classes.*

- Lis le livre à nouveau et cherche les mots de vocabulaire.
    - *Je vois le mot **classe** à la page 6 et le m **tableau** à la page 8. Les autres mots de vocabulaire se trouvent à la page 14.*

This is a **teacher**.

Voici un **enseignant**.

A teacher
helps people.

L’enseignante
aide les gens.

This teacher is in a **classroom**.

Cet enseignant est dans une **classe**.

abcdefgh

A teacher writes on a **board**.

L'enseignante écrit au **tableau**.

1 2 3 4 5 6 7 8 9 10

A teacher sits
at a **desk**.

L'enseignante est
assise au **bureau**.

Do you know
a teacher?

Connais-tu un
enseignant ou
une enseignante?

Word List

Sight Words

a
at
do
in
is
on
people
teacher
this
you

Liste de mots

Mots courants

au
cet
dans
enseignant
est
gens
tu
un
une

Words to Know

board

classroom

desk

teacher

La boîte à mots

bureau

classe

enseignant

tableau

31 Words

This is a **teacher**.

A teacher helps people.

This teacher is in a **classroom**.

A teacher writes on a board.

A teacher sits at a **desk**.

Do you know a teacher?

28 mots

Voici un **enseignant**.

L'enseignante aide les gens.

Cet enseignant est dans une **classe**.

L'enseignante écrit au **tableau**.

L'enseignante est assise au **bureau**.

Connais-tu un enseignant ou une enseignante?

People I Meet
Les gens que je rencontre

TEACHER
LES ENSEIGNANTS

Written by/Autrice: Douglas Bender
Designed by/Conception: Rhea Wallace
Series development/Développement des séries: James Earley
Proofreader/Relectrice: Janine Deschenes
Educational consultant/Conseillère pédagogique: Marie Lemke M.Ed.
Translated by/Traduction: Annie Evearts

Photographs/Références photographiques:
Shutterstock : ESB Professional : couverture; michaeljung : p. 1, 3, 14; wavebreakmedia : p. 5; Monkey Business Images : p. 7, 13, 14; Evgeniy Kalinovskiy : p. 9, 14; Szasz-Fabian Illka Erikca : p. 10-11, 14

La forme masculine est utlilisée dans cet ouvrage uniquement dans le but d'en alléger la forme et d'en faciliter la lecture.

Crabtree Publishing

crabtreebooks.com 800-387-7650

Published in Canada
Publié au Canada
Crabtree Publishing
616 Welland Ave.
St. Catharines, Ontario
L2M 5V6

Published in the United St
Publié aux États-Unis
Crabtree Publishing
347 Fifth Avenue,
Suite 1402-145
New York, NY, 10016

Paperback 978-1-0398-5101-6
Ebook (pdf) 978-1-0398-5143-6
Epub 978-1-0398-5185-6

Printed in Canada/122023/CP20231124

Library and Archives Canada Cataloguing in Publication
Available at the Library and Archives Canada

Library of Congress Cataloging-in-Publication Data
Available at the Library of Congress